굴참나무와의 해후

신정모 시조집

• 본문 페이지에서 한 연이 첫 번째 행에서 시작될 때에는 〈 표기를 합니다.
• 저자의 의도에 따라 작품의 보조 동사와 합성 명사는 띄어쓰기가 달라질 수 있습니다.

흰 섶을 부여잡고 온 생애 고행하다

홀연히 떠난 자리에 단풍 한 잎 들앉네

시인의 말

　존재하는 것은 모두 결이 있다. 서로 다른 고유의 빛깔이다. 그것은 함께 빛나고 존중받아야 한다. 시조는 그 존재의 발굴이요 의미의 생성이다. 나의 시조도 그렇다. 내가 지향하는 시조 창작의 뜻이고 바람이다.
　심알을 품은 침묵이 밤보다 어두웠다. 그래도 뚜벅뚜벅 앞으로 나아가는 것은 교육과 봉사에 이어 예정된 길이기 때문이다. 무디고 서툴지만 내가 좋아하는 시조의 그릇에 한 조각의 미래를 담아내는 여정이다.
　참 오랫동안 햇볕도 물기도 없는 어두운 침묵이 흘렀다. 이제 겨우 치장을 하고 얼굴을 내미는 발걸음이 부끄러워 몇 번이나 주춤거렸다. 그 시간과 공간 속에서 시들지 않고 기다려 준 시어들과 숨을 쉬고 있는 존재들의 외침이 나의 시조를 탄생시킨 원천이다.
　낯설고 인적이 뜸한 길에 들어서는 설렘과 호기심이 삶의 밑바탕을 투시하는 영혼과 언어의 촉감이다. 대숲을 쪼개고 쏟아지는 볕뉘의 무늬와 파편을 모으는 정성과 열정으로 사람과 자연과 우주를 시조로 빛내고 싶다. 나에겐 날카로운 죽비이면서 어느 누군가에겐 더 높고 깊은 사유와 서사를 북돋우는 볕뉘가 되기를 소망한다.

책을 쓰는 사람을 가장 훌륭한 사람이라고 늘 말씀하셨던 어머님 아버님 영전에 이 시조집 한 권을 놓아드리면 배움의 한이 한 올이라도 풀어지실까?

시조 관련 문헌을 챙겨주고 창작에 도움을 준 시조시인 정순량 님, 유휘상 님, 시조집 평설까지 곁들여주신 시인 문학평론가 이광소 님과 문우 여러분께 깊은 감사의 뜻을 표하고 싶다.

맨 먼저 나의 작품에 미소를 보내준 아내, 설익은 글에 격려와 칭찬을 아끼지 않은 아들딸 가족, 친지들에게도 감사드린다.

2025년 8월 20일(을사년 윤달 유월 이십칠일)
전주 인후 글방에서
신정모 씀

차례

1부
땀과 아픔을 이겨낸 삶의 선율

도요陶窯	21
생명의 터 가꾸는 보습처럼	22
묘박지의 망치 소리	23
벽壁 앞에서	24
폐지의 증언	25
도리깨질	26
해 질 무렵	27
바닥짐	28
솜이불	29
황제 관람	30
신 부재不在	31
굴뚝	32
굴참나무, 강물에 서다	33
껍데기의 묵언	34
여운	35

2부
계절의 숨결, 기다림의 시선

반가사유상 앞에서	39
외면	40
빨강 지도의 기억	41
솔씨의 자화自畫	42
봄동	43
꽃바람	44
기다림	45
숲속에서	46
노을	47
영소營巢	48
동틀 무렵	49
손 신호	50
억새꽃	51
잔설殘雪	52
백일홍 미개화未開花	53

3부
사랑과 그리움을 보듬어 가는 길목에서

부표浮標 4호	57
맥문동꽃	58
레몬나무를 가꾸며	59
찔레꽃처럼	60
분홍낮달맞이꽃	61
달개비꽃	62
베갯수繡	63
연을 날리며	64
'좀'이 사는 집	65
맷돌	66
파전을 부치며	67
돌잡이	68
귀갓길	69
기도	70
어버이날의 회한	71

4부
세월의 흔적, 삶의 향기를 담아

연리지의 추억	75
볍씨 속엔	76
소나기	77
워낭의 사연	78
빛의 행렬	79
물씨	80
대관람차에 올라	81
액자額子	82
인공지능 AI를 보다	83
매미의 자리	84
모닥불	85
오광대 마당놀이	86
돌꽃을 피우다	87
악수	88
원앙을 읽다	89

5부
마음과 마음을 잇는 만남의 결

굴참나무와의 해후	93
꽃처럼	94
어떤 양사養嗣	95
천일염의 사연	96
지도를 그리며	97
끊기 자습自習	98
복조리를 걸며	99
챔질	100
백학이 되어	101
나비바늘꽃	102
지지 않는 잎새	103
못줄	104
인연	105
부부상夫婦像	106
봄나들이	107

6부
시간이 묶어 둔 묵음과 울림의 흔적

조율調律	111
약속 그 후	112
울타리	113
회선回旋 involution을 보고	114
대기 번호	115
과일들의 수다	116
벼꽃	117
우듬지의 묵언	118
너럭바위	119
수숫대의 울음소리	120
새치의 유효기간	121
먹	122
땅배에 하루를 싣고	123
징을 울리며	124

시조 평설 _ 물의 시간을 거쳐 불의 시간에서 변형의 존재 125
이광소(시인, 문학평론가)

시조 선평   134

1부

땀과 아픔을 이겨낸 삶의 선율

도요陶窯

황톳빛 가마 한 채 이내를 당겨 덮고
불갈기 한 올 한 올 발원을 풀어내어
태반에 별뉘 옮을라 입덧 먼저 태운다

흙덩이 살점마다 설렘을 엮어 놓고
손끝에 혼을 모아 신 지핀 단붓질로
꽃을 문 학의 나래짓 가슴속에 새긴다

꿈을 밴 번조실*을 휘도는 불 물결에
출산의 진통 안고 낮밤을 지새우며
살과 뼈 타고 또 타도 그늘 없는 빛둥지

* 흙가마 내부에 진흙으로 빚은 그릇을 놓아 도자기를 굽는 장소.

생명의 터 가꾸는 보습처럼

묵은 땅 갈아엎고 생명의 터 가꾸듯이
숨 가쁜 소몰이로 이랑 진 하얀 머리
해 뜰 녘 "이랴! 자라자!" 석양 노을 더 곱다

아들딸 자란 세월에 주름살 깊어지고
초록 잎 어우르는 풀벌레 몸짓으로
오롯이 한 길 걸으며 꿈꾸던 삶 누렸다

혼이 실린 백묵 쥐고 긴 세월 갈고 닦아
책장을 넘기면서 큰 꿈을 조각하며
보습 날 묵은 땅 갈아엎듯 인생의 터 경작했다

묘박지의 망치 소리

열 오른 선박 한 척 부두에 누워 있어
알몸을 드러낸 채 온종일 까깡깡깡
피딱지 벗겨진 아픔 눈물짓는 뱃고동

닻 내린 바닷물엔 해풍도 몸을 사려
물비늘 보료 삼아 만선을 꿈꾸는가
별빛을 가슴에 품고 다시 뜨는 저 부교

해묵은 망치 소리에 머리털 희어지고
천 리 길 마다 않고 온종일 까깡깡깡
이 소리 고막 때리며 여든 해가 저문다

벽壁 앞에서

까칠한 아파트 벽 거울을 마주 보듯
한 손엔 줄을 잡고 붓 하나 달랑 들고
생채기 덧칠한 자리 화장발도 봄 탄다

바람이 톺은 햇살 볕뉘를 쪼는 허공
식솔들 깍지 낀 손 눈앞에 아른거려
숨 가쁜 달비계˙ 앉아 일당 붓칠 바쁘다

˙ 높은 곳에서의 작업을 위해 건물의 고정된 돌출부 등에 밧줄로 매달은 임시 가설물.

폐지의 증언

끼니를 이어가고 눈 붙일 생각 하면
매듭이 사부랑한 폐그물 망태기에
하루를 꼬박 담아도 주머니가 가볍다

가난이 깎아 버린 손발 끝 녹스는데
별빛도 숨찬 골목 걸터듬는 모진 하루
체열이 떠나지 못한 허리끈도 숨 가쁘다

네온 불 깜박이는 인파 소리 들끓는 밤
몸뚱이 뒤틀려도 칼박에는 웃음 짓고
소망 탈 맨살 꿰어 멘 두 바퀴가 바쁘다

* 개봉 후에도 구겨지거나 홈집 없이 원래의 형태를 유지하는 박스.

도리깨질

하늘을 휘돌린다 멍석 한 닢 속살 튼다

꼬투리 배냇소리 둥지 틀고 바글댄다

가을볕 나비친 콩알 달맞이꽃 눈 뜬다

해 질 무렵

벼 포기 벤 자리에 석양빛을 느루 잡고
보리섬 가득 채울 뒷갈이를 챙겨보는
논배미 도손*을 베는 곁낫질이 사납다

한 움큼 쥐고 있던 햇살마저 조울 즈음
남향집 앞마당에 부뚜를 날릴 자리
온 이랑 봄을 덮고 살 보리씨만 속 탄다

* 벼를 베고 난 뒤 그 그루터기에서 다시 돋은 벼.

바닥짐

봄볕이 스며드는 비탈밭 귀퉁이에
누렁소 멍에 벗고 깊 숨을 내쉬면서
굴레를 벗는 그 순간 송아지 때 자유여

어깨 위 높은 짐이 때도 없이 머무르고
사지를 잡아끄는 수렁배미 기다려도
묶인 땅 밟아가면서 멍에 메고 나선다

세월을 갈아내어 하루하루 채우면서
누구도 내 어깨에 멍에 걸지 않았건만
스스로 진 삶의 무게 사랑담은 바닥짐

솜이불

접싯불 덜덜 떨며 문설주에 매달린 밤
자는 손 살며시 끌어 새 솜 접어 덮어주고
이불보 솔기를 엮는 엄마 손이 시리다

문풍지 덧대어도 외풍 몰래 끼어들 녘
허기진 지게 메고 장터 길을 넘어오는
아버지 보리밥 덮은 아랫목이 눈는다

다 닳은 이불솜에 고된 숨결 고이듯이
안방의 설움들이 손금처럼 쌓인 자리
온 가족 산소에 엎드려 솜이불을 덮는다

황제 관람

소극장 연극 공연 나 혼자서 관람했네
몸 둘 곳 몰라 하며 모니터링 미루재도
대중과 약속이라며 제 시각에 시작하네

인조와 소현 얘기 '화, 그것은 火 또는 花'
등대처럼 혼자 보면 등대지기 잘못인가!
아뿔싸 꿈에도 못 본 황제 관람 되었네

같은 일 보더라도 안경 색깔 따라가며
저$_{低}$ 인간 상관없고 고$_{高}$ 인간만 문제인가
색안경 끼고도 못 본 시효 지난 넋두리

* 2010년 전주 한 소극장에서 공연된 연극 제목.

신 부재不在

상가에 벗어 놔둔 새 구두가 행방불명
어쩌다 말뚝처럼 외톨이 된 자유 하나
눈꺼풀 깜짝할 순간 신발 호상 되었네

신 기척 있을까 봐 이리 기웃 저리 기웃
시계는 눈치 없이 정자正子 씨를 불러오고
이 대신 잇몸이라고 짚신발로 날 샜네

굴뚝

그을음 토해낸 섬 날빛도 휘어지고
검댕 낀 얼굴 보고 놀던 벗 외면해도
저 홀로 구들을 지켜 하늘 강을 건넌다

어둠이 밀려오는 초가집 앉은 자리
재 한 줌 뒤로한 채 아궁이 불 지피면
포근한 어머니 손길 실핏줄에 스민다

몸채에 안긴 토관 그을려 낯설어도
들불이 타오르듯 불씨로 힘 돋우고
부엌에 서린 매듭을 한 올 한 올 뿜는다

굴참나무, 강물에 서다

나비 떼 넘노는 숲 땅울림*이 날아올라
하늘을 끄는 손짓 남루를 사위어서
초록빛 파도를 엮어 해 비늘을 두른다

이끼 낀 이야기를 겹겹이 단 나뭇가지
아버지 손끝처럼 지침 없는 맥을 잇고
빚 없는 햇살을 담아 버팀목을 세운다

수평과 수직의
기하학을 움켜쥔 손
층계를 뛰어넘는
제힘을 뿜어내고
길을 튼 초록의 핏줄 매듭 풀어 굽이친다

비탈진 주름살에 꽃봉오리 벙근 한낮
가파른 기울기로 발가락이 시린 외발
'코이**의 강물'에 선 듯 퍼릇퍼릇 빛난다

* 지저귀는 소리 외의 새소리를 통틀어 이르는 말.
 ** 어항, 수족관, 강물 등 환경에 따라 성장의 크기가 달라진다는 물고기.

껍데기의 묵언

도가 던지고 간 모래톱 한 구석쯤
햇볕에 그을린 밖 사연 깊은 정이 탄다
누굴까, 껍데기만을 남겨놓고 간 그는

볍씨도 개돼지도 바위 속의 알갱이도
저 홀로 배어난 채 매무새 뽐내는 틈
울 엄마 떼밭 일구듯 거친 세파 밀어내고

세상에 껍데기 없이 태어난 것 있을까
안과 밖 별리에도 목숨을 주저 않는
아무도 품어주는 이 없는 밤이 시리다

여운

빛 멍울 토해낸 뫼 산벚꽃 불타는데

사립 앞 지켜보는 고딩 엄마 피가 운다

그 누가 배냇저고리 빈 가슴을 채울까

2부

계절의 숨결, 기다림의 시선

반가사유상 앞에서

도솔천 내린 불심 내 속을 세고 있다
헛된 말 낡은 허물 분진에 찌든 버릇
손거울 붉어지는 데 거름체를 밭친다

성문의 뜻인가 봐 발심을 숨겨 논 채
몸 기둥 흔들리나 중심을 잡아놓고
묵언의 눈빛을 모아 전신 수술 서둔다

천의를 활짝 펴서 상처를 덮어주고
무지를 벗어나라 죽비로 치는 소리
아뿔싸! 자비의 미소! 혼줄 놓다 깨친다

외면

고통을 껴안아서 불에 탄 듯 일그러져
피 토해 울부짖는 외마디도 못 들은 체
너와 나 한 핏줄인데 털지 못한 저 외면

콩팥 하나 넘겨주면 둘이 함께 사는 것을
화급한 생명 퍼즐 어느 누가 맞춰 줄까
밤낮을 가리지 않고 목이 메는 저 심장

허물은 벗겨지고 속살마저 꺼진 자리
흙담장 무너지듯 찢기어진 살점들의
아픔을 거두지 못한 링거 바늘 낯설다

빨강 지도의 기억

주택에 가을 왔나 빨강 단풍 뒤덮었다
보증금도 전세금도 돌려막다 터진 몸통
목줄 쥔 경매 딱지에 붉은 물만 주르르

장롱에 묻어놓은 계약서류 집어 들고
쫓겨난 세입자들 오고 갈 데 없는 신세
세상에 믿을 놈 없다 그 말만이 진실인

허무한 허위광고 집값 거품 따져 보고
부동산 미끼 상품 거저 줘도 팽개쳐야
빨강에 가위눌린 듯 그 색깔이 무섭다

솔씨의 자화自畫

솔방울 타고 날아 천 길 멀리 자리 잡고

마흔 날 산통으로 새 생명을 싹 틔워서

옥토를 가슴에 채워 초록 바늘 돋운다

햇살을 등에 업고 솟대처럼 곧추서서

벌 나비 뿌리치고 천둥 벼락 마주하며

손가락 활짝 펴 들고 푸른 꿈을 뿜는다

검버섯 돋아나고 아픈 무릎 옹이 져도

새소리 이어가고 솔밭 그늘 쉬어가는

짙푸른 세상을 꾸밀 새 포부를 다진다

봄동

남새밭 들머리에 둥지 튼 봄 햇살을

나 몰래 빠져나갈까 머리칼을 움켜쥐고

초록빛 쓰다듬으며 발돋움한 어머니

꽃바람

달빛 괸 봄물 길어 산방을 차려 놓고

봄을 밴 꽃망울들 순산을 비는 새벽

구름이 놓고 간 볕뉘 꽃잎 살풋 덮는다

기다림

석장골˚ 양짓녘 앞 하트를 거울 보듯
한 꼬집 엿보면서 쭈그려 앉은 눈이
섶 둘레 헤집는 시간 속앓이만 쌓인다

세월의 작은 틈을 비집고 봄을 틔워
한뎃잠 포개자며 가슴을 채운 추억
잉태한 네˚˚ 손바닥에 고이 접어 띄운다

잔솔 밑 낯선 바람 풀숲을 흔드는 밤
꽃밥을 꿰맨 단추 다독여 여미던 이
연어 떼 강물 오르듯 빛방울로 오려나

* 잎이 석 장인 클로버로 가득 찬 밭.
** 사四 즉 네잎클로버를 의미함.

숲속에서

산새들 수런대는 깊은 산 초록 뒤웅
뙤약볕 날 세우는 하늘엔 차일 치고
실바람 잎새 소리만 상피 올을 깁는다

마주한 연리지에 그리움 걸쳐 놓고
벙그는 연모 한 줌 화지에 옮길 즈음
내뿜는 초록 숲 향에 되레 물든 내 마음

노을

햇볕에 버린 꿈을 바다에 씻어 놓고

윤슬을 건져 올린 별빛 한 줌 밑불 삼아

동틀 녘 설렘을 품고 숨어 타는 내 가슴

영소 營巢

별 물든 감나무에 새 집터를 잡아놓고
전안례 치른 까치 신혼 꿈을 사리면서
고르고 굴리던 재목 입에 물고 나른다

내 살 집 혼을 담아 목수처럼 짜맞추며
새끼들 탈을 막을 천적 풍우 막는 역사
부리와 발가락 손이 짓물러도 끄떡 않고

얼기설기 벽을 엮고 깃털 모아 둥지 틀고
엷푸른 하늘 담은 보금자리 바투 앉아
꿈꾸던 전원주택에 이사할 날 손꼽는다

설렘을 아름 안고 목조신방 차린 저녁
전세 월세 걱정 없다 별빛 쏟아 반겨주고
보름달 내 마음 품어 꽁지방아 찧는다

동틀 무렵

법고는 제 몸을 쳐 산 잠을 일깨우고

물소리 소살소살 가재를 불러내면

산새들 햇볕을 쪼아 겨울눈을 틔운다

손 신호

산새가 물고 오는 봄빛 물든 이른 새벽
마주한 손 신호로 고무호스 열고 닫고
조우는 감나무 눈 떠 물 한 모금 마신다

묵은 잎 털어내고 시든 꽃대 가지 쳐서
지주대 곧게 세워 옮겨 심은 감나무들
낯설은 새집증후군 떨쳐낼 힘 솟군다

해설피 잦아드는 그림자 긴 밭고랑에
꽃을 밴 나목들은 물소리에 눈을 틔고
물오른 손 신호 따라 오는 봄을 서둔다

억새꽃

은하수 내린 물에

윤슬을 띄워 놓고

가슴을 태운 연모戀慕

숨 타듯이 뿜어내어

사르락 갈바람 타고 올

님을 맞는 꽃 분수

잔설殘雪

겨우내 소복소복 눈빛 사린 하얀 침묵

풋 볕 한 줌 일렁이는 붕어섬은 왜 떠는가

맘 시려 뒤척이는 봄 내 선잠을 흔든다

백일홍 미개화未開花

붉다가 더 붉다가

더 못 피운 꽃잎 한 장

피를 토한 그리움을

백날 부려 끌어안고

꽃가지 시름을 태워

포효하는 잉걸불

3부

사랑과 그리움을 보듬어 가는 길목에서

부표浮標 4호[*]

먼바다 홀로 떠서

긴 설움 다독이며

바람이 부른 파도

몸 부려 막은 세월

피멍 든 가슴을 쥐고 빛 한 가닥 지킨다

* 바다장海洋葬에서 화장한 유골의 골분을 산골한 표시.

맥문동꽃

솔밭 길 들어서면 하늘과 땅 뜻을 모은
보랏빛 파도 소리 온몸에 젖어 들고
온 누리 기쁨을 주는 꽃 내 사랑을 만나네

양지는 내어주고 그늘 자리 찾아 들어
서천만 개펄 얘기 흑구슬로 엮어 달고
첫사랑 연을 맺은 꽃 네 사랑이 환하네

온 생애 푸른 물로 벼리고 가꾸어서
세계로 나아가는 꿈을 빚어 세운 꽃대
내일을 예비하는 꽃 서천 사랑 빛나네

레몬나무를 가꾸며

발걸음 옮길 사이 손가락 걸은 사연
창틀 옆 햇볕 드는 갓난이 방에 놓고
다칠라 선잠 깨울라 옷자락을 여미네

벌 나비 길 잃은 듯 가슴이 저미는데
풀숲에 머무르던 바람 한 벌 달려와서
앳된 손 꼭 잡아주며 꽃망울을 달래네

동트면 마주 보며 햇살 한 줌 끌어다가
초록을 퍼 담으며 그리움을 쪼아보다
섶 젖은 사연을 담은 달 한 덩이 보듬네

찔레꽃처럼

찔레꽃 필 무렵엔 머리가 희어진다며

흰머리 검은 머리 앞뒤를 다투더니

차라리 찔레꽃처럼 그리되란 말 믿었는가?

분홍낮달맞이꽃

달 뜨면 눈을 맞춰 낯붉히며 사랑했지

이제는 해를 봐도 차마 어찌 앞을 열고

누구를 홀려 보려고 헤살헤살 웃는가

달개비꽃

다리 밑 한뎃잠 든 손가락 마디마다
기억을 달여 내어 기다림 덧칠해도
끝 밤을 지킬 이 없는 염불 소리 서럽다

추녀 끝 허둥대던 목어도 조는 한낮
보랏빛 부신 꽃잎 설렘도 가라앉고
쪽방촌 채운 그리움 새 차비로 외롭다

하루를 다 못 피는 들앉은 평생 살이
처자식 멀어져간 해 설핏 기우는 녘
비연을 사루는 길섶 노숙한 발 시리다

베갯수繡

봄빛 밴 아지랑이

한 아름 깔아 놓고

첫사랑 불 지핀 향

담아 온 정을 뜨면

서방님 베갯머리에

백학 한 쌍 깃든다

연을 날리며

고춧대 뽑은 텃밭 댓잎처럼 몸을 떨며
구름 곁 홍꼭지연 별처럼 아득한데
가족들 쪽지를 써서 안부 편지 보낸다

얼레를 풀어놓고 연줄을 꼬드기며
하늘을 둘러보니 우체통이 우뚝 섰네
눈부신 방구멍 가득 활짝 웃는 아빠 얼굴

연줄에 대롱대롱 하늘길에 올라서서
아빠 손 붙잡는데 연줄이 그만 '뚜뚝'
휘이익! 사라진 얼굴 아침 해만 두둥실!

'좀'이 사는 집

수탉이 홰를 치면
그 말이 좀이 쑤셔

게임 좀 그만하고
공부 좀 해 보아라

담배는 피워도 되남 아버지도 피우서

붉어진 저녁놀 곁
또 그 말 회가 동해

술도가지 깨지것다
술 좀 고만 마셔라

집안에 게임 좀 술 좀 좀 없이는 못 사나

맷돌

바위에 심어 놓은 가슴에 품은 사랑
마루방 윗목쯤에 혼을 담아 세워놓고
무시로 마주 보면서 눈인사를 건넨다

살면서 차마 못 낸 겹겹이 찬 한숨이
잗갈고 들부숴져 녹두 콩가루 되어
아들딸 출산하듯이 맷방석을 적신다

궂은일 얼음 발이 찬바람을 불러오고
옷소매 젖어드는 맷손이 도는 계절
나 또한 함께 돌면서 시린 가슴 달랜다

파전을 부치며

온몸을 위장하고 쪽파들 전 붙었다
총성이 지글지글 한판 독백 끝날 즈음
군중들 입맛을 당겨 판 뒤집어 누르고

머물고 싶은 정도 마음이 맞아야지
오감을 열어 놓고 이심전심 재어본다
세월을 사용하는 일 전 부치기 닮았다

정 모은 손끝으로 나만의 맛을 찾아
불타는 솥뚜껑에 쏟아부은 자식 마음
소리로 다가오시는 어머니를 맞는다

돌잡이

실물형 구지 선다 출제는 부모 마음

첫 경험 인생 수능 과외 않고 찍은 정답

제 손이 운명 청진기 오진 없는 꼬막손

귀갓길

팔순 날 받은 선물 바다에 빠트렸다

삼대가 사금 일 듯 뻘밭을 헤집다가

손 놓다 "안경 찾았다!" 웃음꽃 핀 귀갓길

기도

먼동을 뿜어 올린

빛 한 짐 길어다가

물소리 숨어 우는

장독에 채워 넣고

아들딸 소망을 빌어

두 손 모은 어머니

어버이날의 회한

어린 나 어부바로 해지는 줄 모른 그 님
이제는 내가 업고 천리만리 거닐다가
지치고 목이 마쳐서 숨 막힌들 어떠랴

온몸이 들끓어도 옹이밖에 없는 그 님
몸 털고 일어서길 온몸 바쳐 보살피다
내 손발 삭정이 되어 부서진들 어떠랴

자식 위해 손 빌다가 지문 없이 떠난 그 님
내 몸이 닳고 삭아 백지 한 쪽 될 때까지
어버이 대신 누워서 앓다 간들 어떠랴

4부

세월의 흔적, 삶의 향기를 담아

연리지의 추억

봄빛에 흠뻑 젖어 한소끔 기운 사이

맞댄 정 품은 나무 설렘을 토닥이며

산들빛 토렴한 사랑 신발 두 짝 꿰었다

볍씨 속엔

행랑채 시렁 위에 하늘 한 폭 들여놓고

땀방울 가득 채운 포댓자루 여민 자리

아껴 둔 볍씨 속살에 아빠 얼굴 환하다

소나기

처마 밑 기어들어 빗방울만 바라보며
책가방 움켜쥐고 혼자 떨고 서 있는데
우산 든 여학생 미소 풀꽃처럼 다가온다

받을까 망설이다 데리러 곧 온다고
수줍어 낯 붉히며 차마 받지 못하는데
굵어진 빗줄기 사이로 작아지는 뒷모습

소나기 삼 형제도 거짓말을 하는 걸까
밤 깊은 빗길 속에 속옷조차 젖어들 녘
부를 이 없는 이 마음 누구에게 전할까

워낭의 사연

늦가을 해거름 녘 논이랑을 남겨둔 채
금줄 친 외양간에 달빛 함께 뉘어 놓고
배냇소 눈을 번쩍 떠 활짝 웃는 기다림

훌쩍 큰 동부레기 코를 꿰어 포럼 치고
"이랴아" "어디 어뎌" 워낭 달고 말귀 트여
밤보다 더 어둔 길도 대낮 같이 걷는 소

볏단이 높아지면 초승달 살 오르듯
자갈밭 갈을 때면 돌 삼킨 연못처럼
스스로 알아차리고 워낭 소리 걷던 소

스무 해 다 넘기며 여물 한 번 엎지 않고
끼니를 책임지고 월사금도 선불했던
그 소가 배냇소 낳아 배내기를 주었소

천수답 갈아치고 눈을 감은 누렁이 소
풀 뜯던 산비탈에 워낭 묶어 정을 묻고
달빛만 널브러진 녘 외양간을 닫는다

빛의 행렬

섬돌에 앉은 세밑 세수를 끄는 한밤

부릅뜬 눈발들이 오가는 발길마다

어깻숨 토렴한 빛 물 꿈을 빚어 나른다

물씨

벼랑을 뛰어내려 피투성이 되었잖니
상처도 아물기 전 구정물도 거르면서
땅속을 뚫고 들어가 잠든 씨앗 깨우고

일생을 한결같이 낮은 곳에 자리 잡고
샘물로 솟구치고 강물 되어 배 띄우며
입말과 몸짓을 여는 피돌기를 돕는다

물이다 구름이다 틈새 없는 사랑처럼
목마름 추겨주며 다 비우는 기쁨으로
부름을 한 보자기 들고 젖은 뺨을 부빈다

대관람차에 올라

설렘이 줄을 잇는 수레에 둥둥 떠서
별빛을 뿜어내는 은하수 바라보며
지구와 우주의 길목 테두리를 잇는다

손톱달 뜬 하늘을 당기고 또 당기면
마주 본 별에서도 전등불이 타오를까
고샅길 잠든 어둠에 추억 한 폭 그린다

북극성 도는 별이 밤새껏 내린 빛을
신화로 빚어내어 빈 하늘 채우면서
우주에 내 길을 트는 동심원을 달린다

액자 額子

시간이 멈칫하는 빛의 순간 붙잡힌 몸
미라를 훔쳐본 듯 들숨마저 멈추었고
사각 틀 한 조각 채운 그는 이미 과거 손님

금박의 액세서리 꽃 더미로 꾸미어도
관 속에 누워 있는 사람 마음 아닌 것을
아무도 참을 모르는 눈물 기도 안쓰럽다

심장을 옭아매는 굴레 벗은 말ㄹ이 되어
디지털에 빼앗겨진 사람 냄새 고이 찾아
바람에 기쁨을 싣고 대댓글을 기다린다

인공지능 AI를 보다

사람이 하는 일을 저 스스로 할 수 있나
하늘도 바닷속도 제 맘대로 휘저으며
도대체 못 하는 일이 무엇인가 인공지능 AI는

미래형 인공지능 생각대로 하고픈 대로
생사도 사고팔고 맞춤 아기 제 맘대로
한 번도 맛본 일 없는 인공지능 AI 그 형상

꽃잎이 별이 되고 사랑도 거래하고
생체도 프린팅을, 교수 되어 뽐내기도
금배지 달아준다면 행복감도 생산할까

AI 노출지수 제아무리 높다 해도
희망일까 저주일까 결정은 사람의 몫
AI는 아바타일 뿐 사람보다 한 수 밑

이상과 현실 사이 기억을 싼 디지털 섬에
파도가 갑문 열듯 AI 신기술이 밀려와도
사람이 주인인 세상 인공지능 AI는 일꾼일 뿐

매미의 자리

매미는 몰랐을까 창 안에 사는 숲을

휜 섶을 부여잡고 온 생애 고행하다

홀연히 떠난 자리에 단풍 한 잎 들앉네

모닥불

산밭 귀 보릿고개 헐벗은 밀 서리 터

손바닥 후후 불던 검댕이 간데없고

배고픔 달래주는 섬 모닥불만 애끓다

오광대 마당놀이

대물린 양반질에 한 서려 더딘 말이
대신 탈을 쓰고 마당을 휘어 돈다
긴 한숨 덧배기춤에 태평소도 서럽다

천형에 걸린 양반 가슴 쳐도 효험 없고
정자관 도포 자락 잔미운 활개춤에
양반들 혼쭐나는 꼴 구경꾼도 "좋구나!"

죄짓고 사는 몸은 바람도 두려운 법
악인을 내리치는 영노와 포수탈은
짚신 코 촘촘히 매고 사립문을 지킨다

몸짓은 마당으로 소리는 가슴으로
사붓한 춤사위는 넘노는 나비 떼로
말뚝이 설움을 삭혀 꽃싸리*를 틔운다

* 옛날 사람들은 '싸리'로 의식주를 해결할 정도로 서민을 상징하는 꽃이다.

돌꽃을 피우다

후미진 산골짝에 돌 안개 깊은 즈음
바위가 놓고 간 꿈 벼리고 닦는 골짝
망치질 굳은살 돋친 울림소리 세차다

아파야 피는 꽃은 쪼아야 제격이다
햇살을 다듬어서 먹줄을 튕긴 자리
갓 돋은 하얀 침묵을 깨뜨리고 다듬고

바람도 끄덕이는 뜬 돌에 올라앉아
상처를 도려내고 쌓인 한 다 풀어서
가슴 속 숨겨둔 웃음 꽃심으로 돋는다

악수

벙글어 환한 얼굴 맞보는 고샅길에

눈빛을 내미는 손 방긋이 반겨주고

정겨운 손바닥 열어 미쁜 마음 포갠다

원앙을 읽다

봄을 깬 시냇물에 꽃처럼 둥둥 떠서

전안례 다한 사랑 윤슬에 띄워 놓고

햇볕 든 신방을 차려 백년해락 꿈꾼다

5부

마음과 마음을 잇는 만남의 결

굴참나무와의 해후

붉누른 산골짝에 물소리만 남겨 놓고
낯선 길 떠난 원목 치수 따라 잘린 몸이
깜깜한 숯가마 들어 불 목말라 줄 섰다

여드레 낮과 밤을 가슴 깊이 불을 지펴
오로라 차오르듯 불너울로 태운 넋이
새까만 외곬 빛살로 참나무 숯 꽃폈다

숯꾼도 목을 태운 숲과 불의 기억으로
공부 방 거울액자 속살 무늬 바라본다
나이테 바심질 마친 풍경 한 폭 푸르다

꽃처럼

고샅길 주름 잡은 봉숭아 맨드라미
난 곳은 다르지만 꿈 붉게 뜨는 아침
어엿이 활짝 핀 꽃 향 담장 너머 엿본다

"분까˚는 시켜줘요"
"분가는 아직 안 돼"
서투른 한국말에 고부간 동문서답
입덧은 사랑의 몸짓 오해한 말 거둔다

언사는 다르지만 똑같은 사람인걸
사립문 활짝 열고 꽃처럼 한 땅에서
바람도 어깨를 겯고 꽃심 한 켜 돋운다

˚ 쌀국수에 물고기를 얹은 베트남 음식. '분까는'은 '분까를'로 발음해야 함.

어떤 양사養嗣

접단에 달라붙은 타우포˙꽃씨 한 톨
싹튼 지 여섯 핸데 꽃필 기미 아직 없네
낯선 땅 외톨이라고 혈연마저 끊을까

친정집 앞마당의 호숫물에 잠긴 꿈을
한 됫박 퍼 올리어 꽃대로 솟은 아침
물아기 배냇짓한다 아가판서스˙˙ 해맑다

꽃잎을 꽃 빛깔을 쇠옥성玉聲에 담아내어
속앓이 사위어서 뺨 부비며 낯을 익힌
기른 정 살흙에 고여 참살이로 빛난다

˙ 뉴질랜드 북섬에 있는 호수 이름.
˙˙ 뉴질랜드와 호주에 널리 퍼져 사는 백합과의 여러해살이꽃.

천일염의 사연

떠나온 까치 노을 일렁이는 짠 숨소리
염장에 자리 깔고 노숙 수행 들어갈 녘
햇볕도 그 곁에 앉아 파도 껍질 태운다

살 붙은 알갱이들 삼삼오오 짝을 찾아
바닷물이 해산한 별 대파로 긁어모은
토판을 뜬 갓난이들 배냇물을 토한다

별 쪼아 포개놓은 소금밭 볕 든 아침
아픔을 사위어낸 별빛 쌓인 수레 끌어
눈부신 볕소금 들고 꿈꾼 자리 나선다

지도를 그리며

지도를 그립니다 손녀딸과 마주 앉아
백두산은 뾰족하게 압록강은 푸른 물로
"그거는 옛날 지도야 할아버지 바보야?"

손녀가 그린 지도 한반도를 나눠놓고
빨강색 북쪽에선 미사일로 남한 겨눠
"어른이 잘 못 한 죄야" 동족상잔 속울음

자유와 평화 물결 북녘땅에 솟구치고
가난과 억압에서 북녘 주민 벗어나게
손녀도 이어가야 할 통일한국 이루어야

두만강 한라산도 이웃처럼 오고 가고
우리 얼 우리 문화 되살려서 빛낸 그날
하나 된 바보 지도를 함께 보는 그날 오길

끊기 자습自習

양팔에 치렁치렁 탯줄처럼 매어 달고
목울대 헐떡이며 누굴 찾아 어딜 가나
엄마 품 텅 비었는데 언제 "엄마" 부르려고

얼마나 더 꺾어야 악의 꽃이 사라질까
거짓말 가짜 손길 꼬이려는 돌심보도
"뚝뚝뚝" 전정하듯이 뿌리까지 뽑아야

사슬은 끊어주고, 도마뱀은 꼬리 끊듯
검은 손은 막아주고 비린내는 날려버릴
너와 나 가위질 익혀 마주하는 오붓함

복조리를 걸며

조릿대 다시 뜬 눈 까치설 지새우고

하늘이 귀띔한 복 입말로 풀어내어

귓말로 "복 받으세요", 돋을볕 든 내 오늘

챔질

청잣빛 하늘호湖에 낚싯대를 드리우고

오롯이 찌만 보며 월척 손맛 기다릴 녘

용연龍淵*을 뛰쳐나가는 만추晚秋 낚아 뽐낸다

* 용의 해(甲辰年)를 의미함.

백학이 되어

시나위 울림을 켜 푸른 바람 띄워 놓고
손사위 자늑자늑 도포 자락 일렁이면
동트는 볕뉘 한 움큼 사뿐 걸음 적시는데

 아침을 실은 메타버스가 둘레길을 휘젓는다 똑똑한 가이드 마우스여 얼굴 한번 못 봤어도 시조 시인은 죽마고우다 눈길 한 자락 이백을 불러오고, 머무는 듯 움직이는 듯 우주는 돌아간다 시향에 젖은 낮달이 미소를 턴다
 백색소음도 줄행랑친 숲속 도서관 편백나무 친구들이 귀띔을 한다 드론 자격증 장수법 시인 지망생 등 제 갈 길이 바쁘단다 나는 단어 하나하나 줄 그으며 빛내기를 연습한다 고요한 숲속 연못에서 서정시 한 편 건져 낸다
 오후가 풀숲에 머무는 시간 마음이 낮아질수록 숲 향이 높이 뜬다 그리움을 초록처럼 쌓으며 스마트워치로 춤 영상을 튼다 세월 품은 몸짓은 아지랑이다 눈짓으로 시를 그리고 노을은 허리춤에 찬다 하루를 힐끗 돌아보며 등불 하나 켜고 길 한 칸 채우는 행복

한 몸을 다 사르면 신선 같은 학이 될까
한 자락 노을을 밴 속(俗)을 벗은 내 그림자
구름 위 백학이 되어 하늘 당겨 솟뜬다

나비바늘꽃

누구를 기다리나 기린처럼 목을 빼고

한여름 다 가도록 기별 없어 애타는데

철없는 소슬바람만 풀어음(語音)을 돋운다

지지 않는 잎새

메마른 가시밭에 웃음 한 짐 뿌려놓고
봉안비는 베개 밑에, 칠억 건물 기부하며
아흔을 하얗게 이고 잎새 한 잎 입명立命하네

구 남매 먼저 보낸 설움 더미 곁에 두고
남편 치매 간병하고 외동딸도 마저 가고
만고萬苦는 꽃향기 되어 마음 벌을 적시네

열 살부터 돈벌이에 이골이 난 홍 할머니'
고관절 헐어진 몸 산소 콧줄 젖히면서
마지막 부탁한 말은 "경로당 사- 따신 밥을--"

* 평생 모은 7억 1천만 원을 사회복지공동기금회에 기부하고 90세에 영면한 홍계향 할머니의 이야기. 그는 소천 후 아너소사이어티(1억 이상 기부자 모임)에 가입되었다(2024.12.17. 조선일보 기사 조백건 기자의 양해를 얻음).

못줄

봄빛 밴 빨강 꽃술 매듭 지워 달아놓고
줄잡이 신호 따라 한발 한발 물러서며
장줄과 가로줄 맞춰 두렛논을 채운다

써레질 마친 물 논 모춤 들고 놉*든 일꾼
줄모 논 법이라며 늘어진 줄 당기면서
허리 펼 겨를 없어도 끝내 못줄 지킨다

법망法網이 뚫려지면 범죄자가 날뛰듯이
내 줄눈 망가지면 볏섬까지 한숨 쉴 터
헤어진 꽃눈 다시 매어 모내기 법 다진다

* 그날그날 품삯과 음식을 받고 일을 하는 품팔이꾼.

인연

우연히 만난 꼬마 어른 되어 또 만났네
고장 난 관광버스 수리하러 멈춘 사이
꼬마와 "안녕하세요?" 사진 함께 찍어 준

캄보디아 별 뜬 강이 미풍처럼 흘러가고
한국어 가족 수업 열다섯 해 세던 날에
미토나* 가족사진에 내가 나와서 어리둥절

낯선 땅 여행길에 한국어로 인사한 말
이제는 옛꿈처럼 잊힌 해후 부를 줄야
정 담은 "안녕하세요?" 사제의 연緣이었네

* 캄보디아 여행 중 고장 난 관광버스를 수리하는 사이 잠깐 방문한 어떤 가정의 꼬마 이름. 그는 결혼이주여성이 되어 다문화교육센터에서 한국어 교육을 받음.

부부상 夫婦像

세상을 다 준대도 짝이 뜨면 어이 살까
그대가 떠나가면 내 몸 따라 쓰러질 터
서로를 고여 준 미소 사람 인ㅅ자 부부 삶

가슴속 손끝마다 정 담아서 여닫는 문
문고리 다 닳도록 숨소리를 쌓아 놓은
베갯수 백학을 타고 빛들 자리 머문다

시간이 턱을 고인 은빛 물든 처마 끝에
꿈보다 더 큰 행복 주렁주렁 매단 사랑
온 나날 통째로 빚은 황혼 녘이 뜨겁다

봄나들이

꽃잎에 발 담그고

꽃심에 눈 맞추며

양손을 올려 잡고

엄마아빠 발맞춘 길

봄 햇살 틔는 소리에 귓불마저 물든다

6부

시간이 묶어 둔 묶음과 울림의 흔적

조율調律

누군가, 제멋대로 건반 위를 걷는 이는
인간은 지척인데 심간은 천리만리다
사람의 마음 사이도 인공지능 AI에 물어볼까?

싸움질 물든 추명 언제나 씻어낼까?
지구촌 떨림음에 귀청앓이 쉴 날 없다
짓궂은 경적 소리에 귓바퀴만 골붉다

화음에 허기진 맘 튜닝핀*을 손질하듯
마음의 매듭 풀고 불협화음 사루어서
현을 켠 손끝을 모아 어울림을 덧기워야

* 악기의 음을 일정한 표준음에 맞도록 고르는 데 쓰이는 조율 공구.

약속 그 후

촛불이 자취방에 자화상을 수놓는 밤
걸어 쥔 새끼손가락 눈빛을 포개놓고
핏줄 선 살갗을 당겨 우정의 끈 묶는다

호구의 덫에 걸린 목소리는 숨이 차다
새벽과 저녁 사이 깨진 창문 앞을 가려
약속을 삼켜버린 입 비표 없이 숨는다

젊음이 스쳐 간 골 마음속에 가라앉은
한소끔 끓는 설렘 놓친 손 바투 잡고
소망 찬 햇살 되갈아 징검다리 놓는다

주름진 거울 보며 얼굴을 맞비비고
지음*에 틈이 갈까 이음줄을 조이면서
헛됨에 빛바랜 우정 덧칠하며 걷는다

* 마음이 서로 통하는 친한 벗을 이르는 말.

울타리

1
길 갓집 호박 넝쿨 울타리에 오른 새벽
반 열린 쪽문 뒤로 귀를 쫑긋 기울인다
아침밥 지을 쌀 없는 아기엄마 목울음

2
산비탈 양짓녘의 울타리 밑 노루귀꽃
눈밭을 빠져나온 산양 반겨 손짓하다
어쩌지, 올 길이 막힌 그를 불러 애잖다

3
그쪽 말 듣기 싫다 울타리를 쳐 논 사람
험한 말 바람 타고 귓바퀴에 둥지 틀고
옳은 말 담장을 넘어 살갗으로 스민다

회선回旋* involution을 보고
- 존 배John Pai의 '운명의 조우전'에서

불꽃을 쏟아부은 쇳물 엉긴 마디마다
점과 선에 숨을 불어 해와 별을 품에 안고
생명을 밴 노즐 불이 혼을 품어 태운다

온몸을 틀고 펴고 휘고 엮은 철삿줄이
한 토막 또 한 토막 손잡고 뻗어가는
무변한 안팎을 나들며 빈 하늘을 채운다

팔 남매를 건사하신 울 아버지 힘살처럼
생장점 이어가는 우듬지를 좇아가며
핏줄을 용접한 선율 민음표의 포효다

* 존 배John Pai는 한국계 미국인으로 금속 조각을 통해 독특한 조형미를 선보이는 작가이며 회선回旋·involution1은 존 배의 '운명의 조우전'(서울)에 출품한 대표작품의 하나임.

대기 번호

 마트 앞 늘어선 눈 사흘 굶은 독사 같네.

 먼동도 채 트기 전 불러낸 이 그 누군가. 한 보따리 들고 나간 앞번호가 교통사고로 숨을 거뒀네. 이를 두고 두 변호인의 맞선 주장이 경이롭네, '죽음'의 변호인은 '삶'의 잘못이라 하고 '삶'의 변호인은 '죽음'의 잘못이라 하고. 'ㅈ'인지 'ㅅ'인지 'ㅈ'과 'ㅅ'인지 판검사도 도리도리. 현대판 솔로몬 양자陽子 씨는 'ㅅ'과 'ㅈ'이 한 몸이라 하는데 'ㅅ'과 'ㅈ'은 영원한 침묵이네.
 숨 쉬는 나, 사는 줄만 알았더니 낙엽 아래 묻힌 꽃이 눈을 감고 피우듯이 생사는 선택 아닌, 세월 이은 불확실성! 삶이 곧 죽음이라는 말 누가 증명해 주는가. 양자陽子 씨는 참고 의견으로, 불과 물도 한 몸이라고 빨갛게 물들여 썼네. 먼동이 황혼을 끌고 황혼이 먼동을 밀고. 'ㅅ' 곁에 'ㅈ' 있고 'ㅈ' 곁에 'ㅅ' 있고 'ㅅ'과 'ㅈ'은 시작도 끝도 없는 원의 한 지점.

 누구나 가지고 있는 대기 번호 망신살.

과일들의 수다

과일이 금빛 쏠 때 한숨짓는 저잣거리
저것을 살까 말까 장바구니 토렴하다
휙 돌아 발길 옮기는 돈지갑만 애탄다

한가한 신선과일 거품마저 키를 재고
기름값 올라타고 해비침도 한몫 끼워
목 빼고 우쭐대면서 신선인 채 뽐낸다

온 낮을 실컷 태운 여름 햇볕 부피만큼
손끝에 매달린 꿈 상처까지 빛을 내어
달동네 재개발 텃밭 외상 들턱 즐긴다

벼꽃

꽃차례 열어 놓고

첫사랑 불 밝힌 널

벼알을 배는 입덧

진통을 삭이면서

황금빛 가을을 비는

은별 초롱 내건다

우듬지의 묵언

더 높이 오르려면 햇볕이 발판이지
멈춰라 뒤서거라 목소리도 잠긴 터에
애당초 맨몸이었던 내 신호는 빛이었어

키 크고 가지 뻗긴 숲들의 약속이다
하늘을 향한 침묵 한 발로 밟고 서서
쉼 없이 다림을 보아 머리끝을 고른다

높아진 제 키만큼 맨 위에서 말을 모아
천수천형 뜻 맞추며 귀엣말로 주고받고
기수의 푯대를 들고 새싹 길목 지킨다

온 생애 괸 사랑을 상처 없이 주는 이름
아우들 다독이는 발자국 긴 내 뜻처럼
나무들 제 모습 채워 나이테를 감는다

너럭바위

실개천 돌아드는 노송 아래 내준 마루
별빛이 스민 물가 다슬기가 마실 오고
낮달도 벌러덩 누워 구름 손을 잡는다

밭매던 아낙들이 멧새 울듯 수다 떨고
나무꾼 멜빵 벗고 팔베개로 하늘 보며
엉덩이 겨우 붙이고 한참 쉬어 가는 곳

새참도 점심밥도 오순도순 나눠 먹던
울 엄마 휜 등처럼 포근하고 따사로운
내 가슴 한 모롱이에 바위 한 뼘 앉힌다

수숫대의 울음소리

가을빛 조려 빚은 갈옷 걸친 수수밭에
저녁놀 잦아들면 전설보다 더 슬픈 터
밤마다 설움을 씻는 흰 달도 흐늑 기운다

"막둥아 자수해라!" "안 나오면 바로 쏜다!"
"아이고 엄마! 형님!" 그믐처럼 눈 감은 몸
수숫대 진저리치며 시뻘겋게 물들었다

전쟁의 덫에 걸린 원죄 없는 수수밭에
혈육도 몰라보는 동족상잔 원한 묻혀
수숫대 울음소리만 슬픈 기억 되쏜다

새치의 유효기간

하늘이 무너진 새 죽음 앞에 떨고 있다
외마디 소리치다 미끼 물고 퍼덕이며
목구멍 움켜잡은 채 몸부림을 쳐댄다

유혹의 덫에 걸려 팔과 다리 옭아지면
모든 걸 던져 봐도 철창 속의 수인 되어
빛바랜 비상의 꿈만 허공 속을 맴돈다

겉치레 미끼들은 유효기간 없는 새치*
속임수에 빠져들어 분별없이 나대다가
금물을 물금인 줄로 착각하면 거미 밥

* 새 덫의 전라도 방언.

먹

온몸을 헐고 갈아 붓 결을 사랑한 몸
임 그린 혼이 서린 한 움큼 긴 얘기를
오롯이 채워 둔 연못 향불 자욱 지핀다

천 길을 흘러내려 나이도 사월 즈음
매화꽃 잎에라도 점 하나 남기려나
잠잠한 호수를 베고 이룰 꿈을 엮는다

땅배에 하루를 싣고

고통을 따돌리고 몸짓으로 살고 싶어
수술대에 몸을 싣고 이 길 저 길 오고 가는
즐거운 나의 하루는 땅배*에서 시작되고

앉지도 서도 못 해 누운 채로 일하지만
입술에 젓가락 물고 자판 위를 두드리며
내 생각 다 쏟아부어 맡은 일을 해내네

일터와 가정에서 도우미에 기대지만
땅배가 달려가면 나의 삶도 함께 달려
보람찬 내일을 향한 나의 꿈이 자라네

* 혼자서 거동이 불편한 장애인의 이동 수단을 일반인들이 가리키는 말.

징을 울리며

천만번 두드려서 잠긴 목이 트인다면
두드려 또 두드려 온 가슴이 멍든 채로
낮과 밤 사윌 때까지 빛나래로 날고파

두 뺨이 불에 타고 물에 잠겨 숨 막혀도
망치로 울음 잡고 토렴으로 혼을 밴 나
소리판 시작과 끝 사이 외칠 예음豫音 빚는다

내 이름 불러줄까 사립문 앞 머물다가
꽃자리 펴는 녘에 문풍지를 울리면서
벼린 몸 빛내 보이며 속앓이를 읊는다

얼마를 두드려야 그린내에 배어들까
뒤엉킨 한恨 타래를 한 올 한 올 풀어내어
토한다 쏟아붓는다 포효하는 빛울림

∞평 설

물의 시간을 거쳐 불의 시간에서 변형의 존재
- 신정모 시조집 『굴참나무와의 해후』에 대한 단평

이광소[1)]

산골짝에 물소리만 남겨 놓고
낯선 길 떠난
- 「굴참나무와의 해후」에서

1.

사람들은 사물을 바라보고 존재의 상태와 본질을 통찰하게 된다. 세계의 양상과 모서리를 접하며 어떻게 살아갈 것인가를 사유하게 되고 실존적 행동으로 옮기기도 한다. 이러한 성찰을 통해 시인의 글쓰기는 어찌 보면 사물의 이치를 깨달으며 자신을 연마하는 작업이기도 하다.

---

1) 이광소(필명 이구한) 시인, 문학평론가. 시집 『빙하역에서』 평론집 『착란의 순간과 중첩된 시간의식』 등 다수의 저서가 있음. 현 『미당문학』 편집주간.

바슐라르에 의하면 인간의 이상과 사고의 심층에는 그것을 지배하는 4개의 물질적 속성인 물, 불, 공기, 흙이 있다는 것이다.

그중에서 물은 흐르며 정화시키는 힘이 있는 반면에 불은 태우며 정화하는 힘이 있다. 물과 불은 동일성을 지니고 있지만 상반된 성질도 있다. 특히 물은 유연성이 있지만 불은 뜨겁고 정련하고 단련시키는 힘이 있다.

신정모 시인은 물의 시간과 불의 시간을 사유한다. 특히 시인의 시쓰기의 특징으로 불로 단련시키는 힘이 돋보인다.

    황톳빛 가마 한 채 이내를 당겨 덮고
    불갈기 한 올 한 올 발원을 풀어내어
    태반에 별뉘 옮을라 입덧 먼저 태운다

    흙덩이 살점마다 설렘을 엮어 놓고
    손끝에 혼을 모아 신 지핀 단붓질로
    꽃을 문 학의 나래짓 가슴속에 새긴다

    꿈을 밴 번조실을 휘도는 불 물결에
    출산의 진통 안고 낮밤을 지새우며
    살과 뼈 타고 또 타도 그늘 없는 빛둥지

* 흙가마 내부에 진흙으로 빚은 그릇을 놓아 도자기를 굽는 장소.

- 「도요陶窯」 전문

도요陶窯는 도자기를 굽는 가마를 뜻한다. 생산의 장소다. 고려청자나 조선백자를 생산하는 과정을 출산으로 비유하였다. 생명이 탄생하는 출산의 진통은 불의 연단 속에서 이루어진다.

"불갈기 한 올 한 올 발원을 풀어내어/태반에 볕뉘 옮을라 입덧 먼저 태운다" 도자기도 불 속에서 출생하지만 태반에 볕뉘 옮을라 조심스런 산모인 도요도 입덧 먼저 태워 불 속을 통과해야 한다.

"꽃을 문 학의 나래짓 가슴속에 새긴다" 또한 학의 나래짓을 안아야 한다. "꿈을 밴 번조실을 휘도는 불 물결에/출산의 진통 안고 낮밤을 지새"운다.

이 시는 전체가 현재형으로 구성되었다. 황토 흙에서 도자기가 되기까지 긴 시간 동안 변화의 과정을 출발점으로부터 '지금' 시점에까지 이르는 시간 지속으로 의식하여 현장감이 살아있다. 이는 지각의 흐름 가운데 있는 "현실적 지각은 감각들에 기초하여 직접제시로서 구성"[2]

---

[2] 에드문트 후설 『시간의식』 이종훈 옮김 (한길사, 2007) 102쪽

되어 있다. 직접제시란 시간화의 양상으로서 현전화現前化를 의미한다.

가스통 바슐라르Gaston Bachelard(1884~1962)는 열의 침투성에 대해 "침투하고자 하는 이 욕구, 사물들의 내부, 존재들의 내부로 가고자 하는 이 욕구는 내밀한 열에 대한 직관의 유혹이다"[3] 라고 설명한다. 눈이 미치지 않는 곳, 손이 미치지 않는 곳에도 열은 스며든다.

시제인 도요는 결구에서 "살과 뼈 타고 또 타도 그늘 없는 빛둥지"로서 결국 자신의 살과 뼈를 다 태워서 그늘이 없는 빛둥지로 새로 태어난다. 이 시에서 도요는 산모로서 생산의 근원지임을 밝히고 있다. 많은 시인들이 백자나 청자를 노래했지만 신정모 시인은 산모를 상징하는 도요를 노래한다. 불의 힘을 지닌 도요는 산모의 생명력을 내포하며 출산한 학을 하늘로 날려 보낸 뒤 빛둥지로 우뚝 선다. 시「도요」는 예술품을 완성하기 위한 창작의 과정을 비유한다. 학은 빛이며 "빛둥지"는 신정모 시인이 발견한 새로운 세계이다. 즉 도요陶窯는 도공과 예술가를 상징하며 도공도 예술가도 인간도 완전성을 향한 인내의 고통이 요구됨을 시사해준다.

---

3) 가스통 바슐라르『불의 정신분석』김병욱 옮김 (이학사, 2007) 81쪽.

2.

시 「도요陶窯」에서 불의 시간이 있기 전에 황토와 섞인 물의 시간이 먼저 있었다. 물과 함께 잘 다진 "흙덩이 살점마다 설렘을 엮어 놓"았다. 또한 "조우는 감나무 눈 떠 물 한 모금 마신다"(「손 신호」)에서도 물의 시간이 있었고, "잠잠한 호수를 베고 이룰 꿈을 엮는다"(「먹」)에서도 물의 시간이 있었음을 고지해준다.

다음에 소개하는 「굴참나무와의 해후」에서도 불의 시간이 있기 전에 물의 시간이 먼저 있었다.

> 붉누른 산골짝에 물소리만 남겨 놓고
> 낯선 길 떠난 원목 치수 따라 잘린 몸이
> 깜깜한 숯가마 들어 불 목말라 줄 섰다
>
> 여드레 낮과 밤을 가슴 깊이 불을 지펴
> 오로라 차오르듯 불너울로 태운 넋이
> 새까만 외곬 빛살로 참나무 숯 꽃폈다
>
> 숯꾼도 목을 태운 숲과 불의 기억으로
> 공부 방 거울액자 속살 무늬 바라본다
> 나이테 바심질 마친 풍경 한 폭 푸르다
>
>   - 「굴참나무와의 해후」 전문

"붉누른 산골짝에 물소리만 남겨 놓고/낯선 길 떠난"에서 시인은 물의 시간이 있었음을 상기한다. 물의 시간은 잎이 피고 생기를 얻는 시간이었다. 이제 물소리만 남겨 놓고 떠나야 할 이별의 시간이다. 불의 시간 속으로 진입하고자 한다. "물소리만 남겨 놓고"라는 표현이 울컥하게 다가온다.

불의 시간은 낯설고 새로운 세계이다. "잘린 몸이/깜깜한 숯가마 들어 불 목말라 줄 섰다" 불의 시간에 고행은 시작한다. 여드레 낮과 밤을 가슴 깊이 불을 지펴 "새까만 외곬 빛살로 참나무 숯 꽃폈다" 화자와 굴참나무와의 해후는 새까만 숯으로 만남이다. 그것은 불의 시간을 거친 새롭게 변형한 몸으로 만남이다.

"숯꾼도 목을 태운 숲과 불의 기억으로/공부 방 거울 액자 속살 무늬 바라본다" 텍스트 안의 숯꾼도 텍스트 밖의 화자도 숲과 불의 기억을 가지고 거울액자를 바라본다. 액자는 물소리를 남겨 놓은 또 다른 시간 속에 있다. 이 경우는 "나이테 바심질 마친 풍경 한 폭 푸르다"에서 나이테를 바심질한 예술가의 한 폭 푸른 풍경으로 만남이다.

셋째 연은 "바라본다" "푸르다" 현재형으로 되어 있다. 숲과 불에 대한 기억을 떠올리며 "일차적 기억은 상상들에 기초하여 재현Reprasentation 즉 현전화로 구성한다"[4] 숲과 불의 기억들에 기초하여 혜성의 긴 꼬리처럼 현재 거울액자의 풍경으로 현전화現前化 하고 있다. 따라서 이는 일차적 기억에 해당한다.

첫째 연과 둘째 연은 "줄 섰다" "숯 꽃폈다" 과거형으로 되어 있다. 회상은 과거에 지각된 것을 상상 속에서 다시 기억하는 것으로 생생하게 지각된 현재와 직접적인 관련이 없을뿐더러 대상이 지각과 연결됨 없이 나타나기 때문에 이차적 기억이라고 한다. 이 시는 일차적 기억과 이차적 기억이 아름답게 조화를 이루고 있다.

3.

시인에게 불이란 과연 무엇인가? "재 한 줌 뒤로한 채 아궁이 불 지피면/포근한 어머니 손길 실핏줄에 스민다"(「굴뚝」)에서 아궁이 불은 어머니 손길 실핏줄에 스민다. 이때 불은 육체의 에너지를 생성하는 동력이 된다. 또는 "윤슬을 건져 올린 별빛 한 줌 밑불 삼아/동틀 녘 설렘을 품고 숨어 타는 내 가슴"(「노을」)에서는 별빛 한 줌이 밑불이 되어 가슴을 태우게 된다. "은하수 내린 물에/

---

4) 에드문트 후설 『시간의식』 이종훈 옮김 (한길사, 2007) 102~103쪽.

윤슬을 띄워 놓고/가슴을 태운 연모戀慕/솜 타듯이 뿜어내어"(「억새꽃」)에서도 가슴을 태운다. 불은 화자의 생리적인 육체와 직접 관련이 있다.

불은 식물에게도 나타난다. "피를 토한 그리움을/백날 부려 끌어안고/꽃가지 시름을 태워/포효하는 잉걸불(「백일홍 미개화未開花」)에서 꽃가지의 포효하는 불로 전이된다.

사물 세계에서 바라보던 불이 사물 세계로 끝나지 않고 화자의 몸 안으로 들어옴으로 생리적 정서적 반응을 불러일으킨다. 결국 화자가 도공이 되고 도요陶窯가 되고 참숯이 되고 액자가 된다.

모든 시간적 존재는 그 어떤 변화의 양상이나 지속적으로 변화되고 있는 하나의 경과 양상 속에서 나타나며, 경과 양상 속에 있는 객체는 이러한 변화를 통해 다른 객체가 된다.

내면세계로 들어와 심화시킨 불 이미지는 새로운 생명을 탄생시키는 재생과 부활의 길을 밝혀준다. 이때 불 이미지는 형이하학에 머물지 않고 형이상학인 초월의 경지에 이르게 한다.

신정모 시인의 시조집 『굴참나무와의 해후』는 시조의 4음보의 운율을 잘 갖추었으면서도 주체를 끌고 가는 사유나 승화시키는 면에서 탁월함을 보여준다. 산문

시조 두 편도 새롭게 시도한 실험시로서 새로운 관점에 대해 눈여겨볼 만하다. 특히 고어나 방언을 살리면서 경쾌한 리듬감을 주어 독자로 하여금 새로운 시 세계에 몰입하게 하는 힘이 있다. 시인의 불 이미지는 우리의 기억 속에 영원히 살아 있을 것이다.

[시조 선평]

1. 「도요陶窯」
- 공직문학상 국무총리상

황톳빛 가마 한 채 이내를 당겨 덮고
불갈기 한 올 한 올 발원을 풀어내어
태반에 볕뉘 옮을라 입덧 먼저 태운다

흙덩이 살점마다 설렘을 엮어 놓고
손끝에 혼을 모아 신 지핀 단붓질로
꽃을 문 학의 나래짓 가슴속에 새긴다

꿈을 밴 번조실*을 휘도는 불 물결에
출산의 진통 안고 낮밤을 지새우며
살과 뼈 타고 또 타도 그늘 없는 빛둥지

* 흙가마 내부에 진흙으로 빚은 그릇을 놓아 도자기를 굽는 장소.

- 「도요陶窯」 전문

〈선평〉

　시조는 형식과 내용을 함께 아우르는 정형시다. 그렇기 때문에 내용이 아무리 신선하다고 하더라도 형식을 무시하면 시조라고 할 수가 없다. '초장 3/4/3/4// 중장 3/4/3/4// 종장 3/5/4/3'의 글자 수를 맞추어야 한다. 간혹 한두 글자가 어긋나도 허용되지만 종장의 첫 3글자는 꼭 지켜져야 한다. 헌데 이런 형식조차 모르고 응모한 작품이 많아 안타까웠다. 그리고 몇 분은 작품은 좋았는데 한 편이 아닌 다수를 응모하는 바람에 탈락되어 많이 안타까웠다. 앞으로 시조로 응모하시는 분은 형식과 내용 둘 다 갖추어야 하는 문학이라는 점을 꼭 염두에 두시면 좋을 듯하다.
　시조 「도요陶窯」는 군더더기 없이 깔끔한 작품이라 심사위원 둘 다 최고점수를 주었다. '도요陶窯'는 도기를 굽는 가마를 말한다. 다른 응모작품에 비해 노련한 솜씨를 보여주었고, 그 도요 속에서 뜨거운 불로 구워내야 비로소 도자는 도자기로서의 구실을 하게 된다. 그렇게 아름답게 구워내진 것이 고려청자요, 조선백자인 것이다. 고려청자나 조선백자를 만들기 위해 공을 들인 곳이 바로 도요인 것이다. 옛날 도공들은 애써 빚은 도자가 흠 없이, 부정 탐이 없이 잘 만들어 훌륭한 도자기가 되기를 불을 지피면서 얼마나 염원했을까?

도요에서의 도자기가 빚어지는 과정의 발원과 아름답게 학 문양의 붓질을 끝낸 도자를 불길 속에서 구워내는 출산의 진통과 고통을 잘 보여주고 있는 작품이었다. 하나의 예술품이 이루어지기 위한 인내와 정성과 노력을 보여주고, 그렇게 '살과 뼈 타고 또 타도 그늘 없는 빛둥지'로 태어나는 아름다움 예술품인 도자를 또한 찬양하고 있다. 이것은 고려나 조선시대의 지나간 전통이 아닌 현대에도 이루어지고 있는 전통인 것이며, 하나의 예술품은 이런 과정을 통해서 힘겹게 태어남을 보여주려 한 주제의식 또한 높이 평가되었다.

_김민정 대표 집필(한국문인협회부 이사장, 시조분과 회장, 문학박사)

2. 「벽壁 앞에서」 외 2편
- 시사문단 시조부문 신인상 당선

까칠한 아파트 벽 거울을 마주 보듯
한 손엔 줄을 잡고 붓 하나 달랑 들고
생채기 덧칠한 자리 화장발도 봄 탄다

바람이 톺은 햇살 볕뉘를 쪼는 허공

식솔들 깍지 낀 손 눈앞에 아른거려

숨 가쁜 달비계* 앉아 일당 붓칠 바쁘다

* 높은 곳에서의 작업을 위해 건물의 고정된 돌출부 등에 밧줄로 매달은 임시 가설물.

- 「벽癖 앞에서」 전문

석장골* 양짓녘 앞 하트를 거울 보듯

한 꼬집 엿보면서 쭈그려 앉은 눈이

섶 둘레 헤집는 시간 속앓이만 쌓인다

세월의 작은 틈을 비집고 봄을 틔워

한뎃잠 포개자며 가슴을 채운 추억

잉태한 네** 손바닥에 고이 접어 띄운다

잔솔 밑 낯선 바람 풀숲을 흔드는 밤

꽃밥을 꿰맨 단추 다독여 여미던 이

연어 떼 강물 오르듯 빛 방울로 오려나

* 잎이 석장인 클로버로 가득 찬 밭.
** 사四 즉 네잎클로버를 의미함.

- 「기다림」 전문

산새들 수런대는 깊은 산 초록 뒤웅

뙤약볕 날 세우는 하늘엔 차일 치고

실바람 잎새 소리만 상피 올을 깁는다

마주한 연리지에 그리움 걸쳐놓고

벙그는 연모 한 줌 화지에 옮길 즈음

내뿜는 초록 숲 향에 되레 물든 내 마음

- 「숲속에서」 전문

〈선평〉

2023년 월간 시사문단 6월호 시조부문 신인상에 신정모 응모자의 「벽壁 앞에서」 외 두 편을 당선작으로 선정했다.

시조 또한 시처럼 시인이 마주하는 세계에 대한 일종의 '명명하기'가 되어야 한다. 사진작가가 거리와 각도, 프레임 등을 변화시키면서 작가가 제시하고자 하는 주제를 표현해내듯이 시인 또한 의식의 프레임 속에 대상을 앉히고 자신만의 렌즈로 독자에게 울림을 줄 수 있는 순간을 포착해 내야 하는 것이다. 신정모 응모자가 응모한 시조 5편은 시조의 고정된 형식을 프레임으로 삼으면서도, 그 안에 시인이 표현하고자 하는 시적 메시지를 충분히 담아내고 있었다.

 첫 번째 당선작으로 선정한 「벽壁 앞에서」는 우연히 마주친 아파트 도색 작업 중인 인부의 모습을 클로즈업해 제시하면서, 그의 내면 속에 작동하는 따뜻한 가족애를 그려낸 작품이다. 「벽壁 앞에서」는 총 두 수로 이루어진 연시조이다. 그 중 첫 번째 수는 원경에서 포착한 인부의 모습을 그려내고 있는데, '생채기 덧칠한 자리 화장발도 봄 탄다' 라는 구절은 봄이라는 계절감과 아파트 도색에 열중하는 인부의 모습, 그리고 그의 부지런한 손질에 따라 변화되는 아파트 벽의 전경을 한 번에 제시해 준다. 두 번째 수는 근경에서 '바람'과 '햇살'을 맞으며 '달비계(높은 곳에서의 작업을 위해 건물의 고정된 돌출부 등에 밧줄로 매단 임시 가설물)'에 앉아 붓칠을 하는 인부의 모습을 보여주면서, '식솔들 깍지 낀 손'을 생각하며 노동을 멈추지 않는 인부의 노고를 더욱 숭고한 것으로 표현해낸다.

 두 번째 당선작 「기다림」은 네잎클로버를 찾는 행위를 통해 순수했던 시절에 대한 아련한 그리움을 표현한 작품이다. 한 잎 한 잎이 '하트'를 닮은 클로버 잎, 토끼풀밭에 온종일 쭈그리고 앉아 '속앓이'를 하며 행운의 네잎클로버를 찾던 모습, 네잎클로버를 찾아 '손바닥'에 고이 올려보면 추억은 다시 그 시절 '꽃밥을 꿰맨 단추 다독여 여미던 이'에 대한 그리움으로 이어진다. '그리움'은 '연어 떼 강물 오르듯' 몇 개의 찬란한 '빛방울'이 되어 시간을 거슬러 올라오고 있는 것이다.

마지막 당선작으로 선정한 「숲속에서」는 자연 속에서의 낭만과 운치가 담겨 있는 작품이다. '산새들'과 '실바람 잎새 소리'가 들리는 '깊은 산', '연리지'를 바라보며 그리운 대상에 대한 '연모'를 느낄 즈음, 시인의 '마음'은 '내뿜는 초록 숲 향에 되레 물들'며 물아일체의 경지에 도달하게 된다.

3장 6구의 형식과 글자 수의 제약을 받을 수밖에 없는 시조는 어떻게 보면 시를 쓰는 일보다 더욱 고단한 작업일 수밖에 없다. 그럼에도 불구하고 신정모 응모자는 정제된 언어와 깊은 감식안鑑識眼을 통해 울림 있는 시조들을 창작해 내었다. 응모자의 시조부문 신인상 당선을 진심으로 축하드리며, 앞으로도 응모자의 시조들을 『시사문단』 지면을 통해 자주 만나볼 수 있기를 바란다.

- 박효석(월간 『시사문단』 회장, 문학상심사위원. 경찰대학 미석문학지도교수, 시집 29집)
- 손근호(월간 『시사문단』 발행인, 시인, 수필가, 시사문단 낭송회 총회장)
- 신원식(월간 『시사문단』 심사위원, 시조시인)

3. 「워낭의 사연」 외 2편
- 제4회 한용운문학상 우수상

늦가을 해거름 녘 논이랑을 남겨둔 채
금줄 친 외양간에 달빛 함께 뉘어 놓고
배냇소 눈을 번쩍 떠 활짝 웃는 기다림

홀쩍 큰 동부레기 코를 꿰어 포럼 치고
"이랴아" "어디 어디" 워낭 달고 말귀 트여
밤보다 더 어둔 길도 대낮 같이 걷는 소

볏단이 높아지면 초승달 살 오르듯
자갈밭 갈을 때면 돌 삼킨 연못처럼
스스로 알아차리고 워낭 소리 걷던 소

스무 해 다 넘기며 여물 한 번 엎지 않고
끼니를 책임지고 월사금도 선불했던
그 소가 배냇소 낳아 배내기를 주었소

천수답 갈아치고 눈을 감은 누렁이 소
풀 뜯던 산비탈에 워낭 묶어 정을 묻고
달빛만 널브러진 녘 외양간을 닫는다

- 「워낭의 사연」 전문

〈선평〉

1) 들어가며

「워낭의 사연」은 인간과 동물이 공유하는 삶의 연대감과 희생의 이야기를 통해 생명의 순환을 성찰하게 하는 현대시조입니다. 고향의 농촌 풍경과 소의 이야기 등 구체적인 묘사와 노동의 서사를 통해 인간과 자연, 생명 사이의 관계를 탐구하는 작품입니다. 시인은 세밀한 묘사와 상징적인 언어로, 한 마리 소와 그와 함께한 사람들의 삶을 되새기며 소박한 삶의 의미와 고향에 대한 그리움을 표현하고 있습니다. 이 시조는 단순히 소와 사람의 관계를 넘어서 인간과 자연의 교감을 은유적으로 드러내고 삶과 죽음, 노동의 중요성과 기다림, 사랑과 슬픔이 얽혀 있는 인간 존재의 깊이를 시적 형상화로 그려냅니다.

2) 주제와 상징성

이 시조의 주제는 삶과 죽음, 생명의 연대와 헌신, 그리고 자연과의 관계입니다. 특히 "워낭"이라는 상징을 중

심으로, 소의 역할을 통해 고향과 가족, 노동의 의미를 부각시킵니다. 워낭은 단순한 장신구가 아닌, 소의 삶과 그 소와 함께 살아가는 사람들의 희생적 노력을 나타내는 상징적 존재입니다.

• "워낭"은 소와 함께 살아온 시간을 의미하며, 삶의 애환과 기억을 담은 상징으로 등장합니다. "워낭 소리"는 소의 노동과 생애를 기억하는 매개체로서, 소멸된 존재가 남긴 흔적의 상징적 의미를 확장시킵니다. 또한 인간의 삶의 긴 여정과 그 안에서의 울림을 나타냅니다.

• "배냇소"와 "배내기"는 소의 삶이 인간의 삶과 밀접하게 연결되어 있음을 보여줍니다. 이들은 인간과 자연이 하나로 이어지는 관계를 암시하며, 또한 "그 소가 배냇소 낳아 배내기"로 이어지는 순환과 전통을 표현합니다.

3) 묘사와 형상화

시인은 자연, 농촌과 소를 매우 섬세하게 묘사하며, 그들의 움직임과 생명력을 형상화합니다. "늦가을 해거름 녘 논이랑"은 자연과 농촌의 서정을 한 폭의 그림처럼 펼쳐내고, "배냇소 눈을 번쩍 떠 활짝 웃는 기다림"은 생명의 시작과 희망을 의인화하여 따뜻한 생명감을 불어넣으며 소가 새로운 삶을 시작하는 순간을 상징적으로 묘사하고, "금줄 친 외양간에 달빛 함께 뉘어 놓고"는 그 소의 세상과 시간의 흐름을 은유적으로 나타냅니다.

또한, "자갈밭 갈을 때면 돌을 삼킨 연못처럼"이라는 구절은 소가 인간과 함께하는 삶의 순수하고 고요한 순간을 비유적으로 그려냅니다.

"워낭 소리"는 소의 존재가 단순히 소멸되지 않고 기억 속에 남아 있음을 암시합니다. 소의 생애는 노동과 기다림, 희생과 죽음의 단계로 구체화되고 소가 가족을 위해 헌신하는 과정은 삶의 필연적인 궤적처럼 생생하게 형상화되며 마치 인간의 삶과 겹쳐지는 양태로 제시됩니다.

소의 움직임, 자연의 변화, 그리고 인간의 삶의 일상성이 서로 얽혀 있는 모습을 묘사함으로써 시인은 시간의 흐름과 그 안에서 일어나는 변화들을 우아하게 형상화합니다.

4) 시어의 상징과 의미의 확장

시어의 상징은 시의 의미를 더욱 깊게 확장하는 역할을 합니다. 이 시조에서 시어의 선택은 농촌의 이미지와 삶의 순환 구조를 상징적으로 드러냅니다. '워낭'이라는 시어는 단순히 소를 부르는 도구 이상의 의미를 지니고 있습니다. '워낭'은 과거 농촌에서의 생활과 노동, 그리고 그로 인해 생긴 가족과 공동체의 유대감을 떠오르게 합니다. 이는 과거의 삶을 돌아보는 회상적인 의미도 있으며, 동시에 그 시대를 살아가는 사람들의 희생과 노력을 상징합니다.

또한, "금줄 친 외양간에 달빛 함께 뉘어놓고"에서 "달빛"과 "금줄"은 소의 존재와 그 소를 돌보는 사람들의 마음을 비추는 은유적 이미지입니다. "달빛"은 희망과 기대를, "금줄"은 소와 사람을 이어주는 연결 고리를 상징합니다.

"달빛"과 "초승달"은 희망과 지속적인 생애의 순환을, "포럼"은 자연과 인간의 교감, 소의 삶을 따뜻하게 비추는 배경적 형상으로 작용하고 "눈을 번쩍 떠 활짝 웃는 기다림"은 생명력의 시작을 은유적으로 표현한 구절로 희망과 새로운 생명의 가능성을 암시합니다.

"이랴아" "어디 어뎌"는 대화체로 현장감을 더하고 생동감을 불러일으킵니다. "풀 뜯던 산비탈"과 "달빛만 널브러진 녘 외양간"은 소멸과 슬픔의 공간으로 그려지고, 인간과 소의 정서적 관계를 암시하는 표현입니다.

5) 형식과 운율

이 시조는 전통적인 시조 형식을 따르고 있으며, 3장 6구 12음보의 정형성은 이 시조가 단순한 서사적 흐름을 넘어서, 독특한 음악적 리듬감을 형성하며, 고요하고 깊은 울림을 주기 위한 언어적 장치임을 증명하고 있습니다.

• 3-4-3-4, 3-5-4-3 구조의 전형적인 시조 운율을 잘 살리면서, 각 연은 자연스러운 흐름을 유지합니다. 짧은 행 속에 함축적 언어를 은유, 형상화하여 강렬한 이미지를 전달합니다. 특히, 시의 마지막 연에서는 "풀 뜯던 산비탈에 워낭 묶어 정을 묻고/달빛만 널브러진 녘 외양간"이라는 묘사로 긴 여운을 남기며, 전체적인 운율이 독자의 감정을 차분히 풀어놓는 역할을 합니다.

• 특히 각 행과 연의 종결에서 반복적으로 등장하는 자연과 소의 이미지가 강한 정서를 남기며, 이는 시조 특유의 미학적 절제를 잘 살리면서 전통적 형식 안에 현대적 주제를 녹여 낸 시인의 역량을 보여줍니다.

6) 나오며

「워낭의 사연」은 현대시조의 가능성을 보여주는 작품입니다. 전통적 형식을 기반으로 하면서도 현대적 정서를 담아낸 이 시조는 단순히 한 마리 소의 이야기를 담은 시조가 아니라, 생명을 함께한 존재의 가치와 그리움을 독자에게 깊이 각인시킵니다. 삶과 노동, 생명의 연대와 헌신, 그리고 인간과 자연의 밀접한 관계를 탐구한 작품으로 시인은 전통적인 농촌 생활의 상징인 '소'를 통해, 그 소가 가진 상징적 의미를 확장시키며, 사람과 자연이 서로 긴밀하게 얽혀 있음을 보여줍니다. 시의 형식적 측면에서도 전통적 시조의 규칙을 따르면서, 그 안에 깊은 정서를 녹여냄으로써, 독자에게 깊은 감동과 여운을 남기면서 삶의 근본적인 진실과 아름다움을 성찰하게 합니다. 이 시조는 전통과 현대가 조화를 이루는 현대시조의 모범을 보이고 있습니다.
 - 이근배 심사위원장 – 김소엽 부심사위원장 – 김유조 심사위원 – 이정록 심사위원

4. 「먹」
- 제8회 청명문학상 대상

온몸을 헐고 갈아 붓 결을 사랑한 몸
임 그린 혼이 서린 한 움큼 긴 얘기를
오롯이 채워 둔 연못 향불 자욱 지핀다

천 길을 흘러내려 나이도 사월 즈음
매화꽃 잎에라도 점 하나 남기려나
잠잠한 호수를 베고 이룰 꿈을 엮는다

- 「먹」 전문

〈선평〉

이 작품에서는 소위 문방사우인 '먹, 벼루, 선지, 붓'이 비유와 상징을 통해 표현된다. 벼루라는 '연못 또는 호수'에 담긴 "임 그린 혼"을 먹으로 갈아 온몸이 헐더라도 "매화꽃" 한 점 그리고 싶은 염원은 시적 화자의 "향불 자욱"한 사랑이다.

소나무를 태운 그을음에 민어 부레에서 얻은 아교를 섞어서 만드는 전통 '먹'은 일상적인 소재는 아니다. 보이지 않는다고 사라졌거나 없는 건 아니다. '먹'이라는 소재적 속성은 "헐고 갈아" 희생을 통한 "사랑"을 완성하고자 하는 데 있어 '철학성'을 제공한다. 아무리 낭송하기 좋고 이해하기 쉬우며 참신한 표현이 있어도 이 '철학성'이 없으면 '영속성'이 부족해서 이내 사장된다.

이 「먹」이라는 작품을 나태주 시인의 시 「풀잎」 "자세히 보아야 예쁘다/오래 보아야 사랑스럽다. 너도 그렇다"처럼 오래 자세히 보면 "먹"이 살아 있는 꽃으로 피어난다.

우리나라 현대문학에서 독특하고 참신한 기법과 시상으로 문학상 중 가장 어렵다는 '신춘문예'에서 다섯 차례나 당선(시, 시조, 동시)한 최길하 시인은 시 쓰기 작법 중 '철학이 들어가야 한다'와 '원심력이 아닌 구심력으로 써야 한다'라고 강조한다.

이 작품은 이런 조건을 잘 흡수해서 적용하고 있다.

'먹'이라는 제재를 원심력 즉 시대적 역사성이나 현실성으로 확장하지 않고 오롯이 구심력으로 깊이 있게 갈고 돌아 내면의 세계로 들어가서 "매화꽃" 한 점으로 피는 사랑이라는 순결한 주제를 카피처럼 암시적으로 꽃피운다.

이런 시적 형상화 과정에서 활줄을 당기듯 팽팽한 긴장을 유지하면서 기름기를 뺐다. 즉 미사여구나 감정을 겉으로 드러내지 않고 건조하게 표현하고자 한 데서 심사위원 다수의 추천을 받았다. "사랑"은 옥의 티다. 시조에서 완벽은 없다.(2024.11.30)

- 안태영(제8회 청명문학상 심사위원회 부위원장, 충청일보 중앙시조백일장, 현대문학사조 대상, 시조시인)

5. 「베갯수繡」
- 강원완전공감 단시조 공모전 장원

봄빛 밴 아지랑이

한 아름 깔아 놓고

〈

첫사랑 불 지핀 향

담아 온 정을 뜨면

서방님 베갯머리에

백학 한 쌍 깃든다

- 「베갯수繡」 전문

⟨선평⟩

이 시조는 '봄빛 사랑의 노래'로 "백학 한 쌍"이 수 놓인 베개에 대한 형상화가 아름답게 묘사되고 있어 시조를 창작하는 능력을 높이 샀다.

봄날의 아지랑이처럼 피어나는 첫사랑의 설렘과 정성을 담아 서방님의 베갯머리에 백학 한 쌍을 수놓는 여인의 마음을 섬세한 이미지와 감각적인 표현을 통해 효과적으로 전달한다.

시조의 형식면에서 3장 6구 12음보의 전통적인 시조 형식을 충실히 따르고 각 구의 음수율을 적절히 조절하여 안정감과 운율미 등 정형시조의 아름다움을 살렸다.

"봄빛 밴 아지랑이", "첫사랑 불 지핀 향", "백학 한 쌍" 등 시각적, 후각적 이미지를 조화롭게 배치하여 시적 분위기를 고조시키고 있다. "한 아름 깔아 놓고", "정을 뜨면" 등 함축적인 표현을 통해 여인의 깊은 사랑과 정성을 드러내고 있다.

시조의 내용면에서 봄날의 아지랑이는 사랑의 설렘과 따뜻한 감정을 상징하는바 여인은 아지랑이를 한 아름 깔아놓듯 사랑스러운 마음을 가득 담아낸다. 첫사랑의 향은 순수하고 뜨거운 사랑의 감정을 의미한다. 여인은 첫사랑의 불꽃 같은 사랑을 정성껏 수놓아 서방님께 전한다. 백학은 부부의 금슬과 영원한 사랑을 상징하며 여인은 백학 한 쌍을 수놓아 서방님의 행복과 안녕을 기원한다.

시적 기교면에서 시각적 이미지('봄빛', '아지랑이', '백학'), 후각적 이미지('향')를 통해 독자의 감각을 자극하고 시적 경험을 풍부하게 한다. '아지랑이', '첫사랑의 향', '백학' 등 비유와 상징을 효과적으로 사용하여 화자의 사랑과 정서를 섬세하게 표현하고 섬세하고 부드러운 어조를 통해 사랑하는 사람을 향한 따뜻한 마음을 전달하고 있다.

이 시조는 전통적인 시조 형식을 바탕으로 봄날의 사랑을 아름답게 노래한다. 섬세한 이미지와 감각적인 표현, 함축적인 언어를 통해 독자의 공감을 불러일으키고 사랑의 소중함을 다시 한 번 깨닫게 한다. 특히, 여인의 정성스러운 마음과 사랑을 백학 한 쌍에 담아 표현한 마지막 구절은 깊은 감동을 선사한다.

  - 김양수 심사위원회 위원장(강원시조시인협회 회장, 강원예술대상, 강원문학상, 시와 시조시인)
  - 이형식 심사위원회 부회장(강원시조시인협회 부회장, 강원시조문학상, 아동문학가, 시조시인)

상상인 시인선 079

굴참나무와의 해후

지은이 신정모
초판인쇄 2025년 8월 14일 **초판발행** 2025년 8월 20일
펴낸곳 도서출판 상상인 **편집주간** 황정산 **펴낸이** 진혜진
표지디자인 최혜원 **기획·마케팅** 전은빈 최유림 노혜림 정현수
책임교정 종이시계 **편집** 세종PNP
등록번호 제572-96-00959호 **등록일자** 2019년 6월 25일
주소 06621 서울시 서초구 서초대로74길 29, 904호
전화번호 02-747-1367, 010-7371-1871
팩스 02-747-1877 **전자우편** ssaangin@hanmail.net

ISBN 979-11-7490-004-3 (03810)

값 12,000원

* 이 책은 전부 또는 일부 내용을 재사용하려면 반드시 저작권자와 도서출판 상상인의 동의를 받아야 합니다.

* 이 도서의 국립중앙도서관 출판시도서목록(CIP)은 서지정보유통지원시스템 홈페이지(http://seoji.nl.go.kr)와 국가자료공동목록시스템(http://www.nl.go.kr/kolisnet)에서 이용하실 수 있습니다.